Frank und Katrin Hecker

TIERE
und ihre
SPUREN

entdecken & erforschen

Ulmer

Naturführer für Kinder

Hallo, lieber Tierfreund und liebe Tierfreundin,

ich bin **Felix, der schlaue Fuchs**. Hier zeige ich dir die spannende Welt der Säugetiere und Reptilien! Die meisten von ihnen sind scheu und leben sehr heimlich. Doch mit ein paar Tricks kannst du ihnen auf die Spur kommen:

Wildtier sein Bewege dich in freier Natur so leise, als wärst du selbst ein Wildtier. Vermeide es, auf knackende Äste zu treten und mit den Füßen raschelndes Laub aufzuwühlen.

In der Dämmerung Gehe möglichst früh am Morgen oder spät am Abend auf Wildtier-Expedition, denn dann sind die meisten Säugetiere unterwegs. Reptilien dagegen lieben die Wärme und sind im hellen Sonnenschein über Mittag am aktivsten.

Abwarten Suche dir einen guten Beobachtungsplatz und verharre hier ganz still. So sind deine Chancen, Wildtiere wahrzunehmen, am größten.

Spuren aufspüren Achte aufmerksam auf Wildtierpfade, Fraßspuren, Fährten, Kot und Baue. Sie sind untrügliche Anzeichen für die Anwesenheit von Wildtieren!

Im Park forschen Besuche einen Wildtierpark, um die Tiere und ihre Spuren zu studieren. So wird es dir leichter fallen, die Tiere und ihre Spuren in freier Natur wiederzuerkennen!

Und nun viel Spaß beim Stöbern und Entdecken!

Tierforscher-Wissen

Das Rehkitz ist ein Nestflüchter.

Ein kleines Wunder

Diese Babys trinken Milch Die meisten Wildtierkinder kommen bei uns im Frühling zur Welt. Das ist gut so, denn nun wird es warm und die Muttertiere finden genug

Nahrung, um kräftigende Milch für ihre Kinder bilden zu können. Denn ob Reh, Fuchs, Igel, Fledermaus oder Eichhörnchen: Sie sind Säugetiere wie wir Menschen. Das heißt, sie tragen ihren Nachwuchs mehrere Wochen oder sogar Monate im Bauch mit sich herum, bringen ihn an einem sicheren Ort zur Welt und säugen ihre Babys mit Muttermilch, bis diese selbstständig nach Nahrung suchen können.

Nesthocker oder Nestflüchter? Wenn kleine Kaninchen, Mäuse, Eichhörnchen (Zeichnung) oder Füchse geboren werden, dann sind sie winzig klein, fast nackt und ihre Augen sind noch verschlossen. Sie sind komplett hilflos und können noch nicht laufen. Solche Wildtiere heißen „**Nesthocker**", denn sie verbringen ihre ersten Lebenswochen in einem Versteck, wo sie vor Räubern geschützt sind. Ihre Mutter wärmt und säugt sie, bis sie so weit entwickelt sind, dass sie ihre Höhle verlassen können. Nesthocker haben meist viele Geschwister.

Bei Rehen, Elchen, Wildschweinen und Hasen ist es ganz anders: Ihre Jungen tragen schon bei der Geburt ein wärmendes Fell, ihre Augen sind geöffnet und ihre Beine so kräftig, dass sie ihrer Mutter bereits kurz nach der Geburt auf ihren Streifzügen durch die Natur folgen können. Diese Jungen heißen „**Nestflüchter**". Meist haben sie nur wenige Geschwister.

Eidechsen legen Eier   Schlangen und Eidechsen sind keine Säugetiere. Das erkennt man daran, dass sie kein Fell tragen und dass sie Eier legen. Eidechsen und Schlangen zählen zu den Reptilien. Im Gegensatz zu Vögeln brüten sie nicht auf ihren Eiern. Sie graben einfach eine Erdkuhle, wo es warm und trocken ist, und legen ihre Eier hinein. Wenn die jungen Eidechsen und Schlangen schlüpfen, sind sie

schon ganz selbstständig. Ihre Eltern kümmern sich nicht um sie.

Ausnahmen bestätigen die Regel!
Die Waldeidechse ist eine Ausnahme unter den Reptilien. Sie kann zwar Eier legen, oft behält sie diese aber so lange in ihrem Bauch, bis sie schließlich fertig entwickelte Jungtiere zur Welt bringt. Besonders häufig tut sie das in kalten und feuchten Lebensräumen.

Im Winter finden Rehe nur karge Nahrung.

Und im Winter?

Wenn es draußen kühler wird, dann ist es Zeit für Eichhörnchen, Hirsch, Fuchs und alle anderen Säugetiere draußen in der Natur, sich einen warmen Winterpelz zuzulegen.

Gut isoliert Nun wächst ihnen eine dichte Unterwolle, die sie vor Kälte und Nässe schützt. Manche Wildtiere sehen plötzlich nicht mehr wie vorher aus. So trägt das Eichhörn-

chen nur im Winter lange Ohrpinsel und das Winterfell vom Hermelin (Zeichnung) und vom Schneehasen ist weiß – eine tolle Tarnung im Schnee! Zum Frühjahr hin werfen Säugetiere ihr warmes Fell nach und nach ab. Nun sind auch Schneehase und Hermelin wieder braun gefärbt.

Winterruhe Ist der Boden erst hart gefroren und von Schnee bedeckt, dann gibt es für Wildtiere in der Natur nicht mehr viel zu essen. Rehe und Hirsche scharren sich trockene Gräser frei und müssen sich mit dem Knabbern von Baumrinde und Knospen begnügen. Für viele Säugetiere beginnt deshalb nun die Zeit der Ruhe und des Wartens auf die bessere Jahreszeit. So verbringen Dachs, Eichhörnchen und Braunbär viel mehr Zeit in ihren Höhlen und Nestern. Nur wenn der Hunger drängt kommen sie heraus. Raubtiere wie Wolf und Fuchs haben es dagegen im Winter oft sogar leichter, Beute zu machen, weil Hasen und Rehe von Kälte und Hunger geschwächt sind.

Winterschlaf Manche Wildtiere gehen dem Winter einfach aus dem Weg. Im Herbst futtern sie sich einen wärmenden Winterspeck an, suchen sich ein frostfreies Versteck und fallen in einen tiefen Schlaf. Den Schlafrekord halten Murmeltier und Siebenschläfer mit 7 Monaten, bei Gartenschläfer, Igel und Fledermaus dauert er meist 5 bis 6 Monate. In dieser Zeit essen und trinken die Tiere nichts, ihr Körper lebt nur von Fettpolstern. Tiere im Winter-

schlaf fühlen sich ganz kalt an. Ihr Atem und auch der Herzschlag gehen nur noch langsam. Trotzdem bekommen sie alles um sich herum genau mit und können jederzeit erwachen. Das kostet aber viel Energie und da die Tiere nun ja nichts zu essen finden, überleben sie ein frühzeitiges Aufwachen meist nicht.

Winterstarre Auch Eidechsen und Schlangen suchen sich im Winter Verstecke und werden ganz starr und kalt. Doch aus dieser Winterstarre können Reptilien nicht einfach aufwachen. Sie werden erst wieder munter, wenn die Außentemperaturen im Frühling steigen.

Auf diesem Pfad ist ein Reh gelaufen.

Spurenfinder

Folgt den Wildtierpfaden   Schaut genau hin, dann entdeckt ihr, dass Wälder, Wiesen und Flussufer von zahllosen schmalen Wegen durchzogen sind. Das sind meist echte Wildtierpfade. Denn auch viele Wildtiere bevorzugen auf ihren Streifzügen durch die Natur feste Wege – sie geben ihnen Orientierung und so finden sie schnell zurück zu ihrem Versteck. Folgt ihr ruhig und aufmerksam den Pfaden der Wildtiere, so könnt ihr hier viele spannende Entdeckungen machen.

Verdächtige Losung   Der Kot der Wildtiere (Wissenschaftler nennen ihn „Losung") ist für Forscher immer ein wichtiger Hinweis darauf, wer hier unterwegs war. Denn tatsächlich hinterlässt jede Tierart eine typisch geformte, unverkennbare Losung. Während Rehe ihre Losung einfach beim Gehen fallen lassen, findet ihr die Losung von Kaninchen immer an ganz festen Plätzen in der Nähe ihrer Baue. Raubtiere wie Fuchs und Fischotter setzen ihre Losung sogar an besonders erhöhten Punkten in der Landschaft ab – damit markieren sie ihr Revier und sagen dem Nachbarn: „Stopp – hier geht es für dich nicht weiter!"

Geheime Fährten Auf schlammigen Pfaden, an feuchten Gewässerufern und auch im frischen Schnee könnt ihr frische Fußabdrücke vieler Wildtiere finden. Während Raubtiere wie Fuchs und Katze Pfotenabdrücke hinterlassen, drücken sich bei Reh und Wildschwein (Zeichnung) immer zwei sogenannte „Schalen" pro Fuß ab. Denn sie tragen an jedem Fuß statt Zehen je zwei feste Hufe.

Wer hat hier geknabbert? Am Rand von Wildtierpfaden werdet ihr immer auch Fraßspuren der Tiere entdecken

können: Im Nadelwald finden sich eigentlich immer von Mäusen oder Eichhörnchen angeknabberte Zapfen, in Hecken geöffnete Nüsse, abgebissene Zweige und abgerupfte Blätter und an Gewässerufern hinterlassen Bisamratten ganze Ansammlungen leergefutterter Muschelschalen. Wo der Biber wohnt, da verraten abgeraspelte und gefällte Bäume seine Anwesenheit.

Jemand zuhause?

Habt ihr am Ende eures Pfades vielleicht sogar einen Bau gefunden? Dachs, Fuchs, Kaninchen, Mäuse und auch der Fischotter bewohnen selbstgegrabene Erdbauten. Wollt ihr wissen, ob jemand darin wohnt? Dann legt einen kleinen Zweig in den Eingangsbereich und schaut beim nächsten Mal, ob er weggeräumt wurde.

Aufgespürt: ein lautloser Jäger der Nacht.

Abenteuer Nachtsafari

Mit Einbruch der Dämmerung ... werden die meisten Wildtiere munter! Erst jetzt, im Schutz der Dunkelheit, krabbeln Dachs, Fuchs und Marder aus ihrem Erdbau, Siebenschläfer turnen in Obstbäumen herum und Rehe und Hirsche verlassen das Dickicht des Waldes, um auf Wiesen nach Nahrung zu suchen. Am Waldboden und auf Feldern verlassen Mäuse ihre schützenden Verstecke und hoch oben zwischen den Baumwipfeln jagen Fledermäuse Nachtschmetterlingen hinterher.

Wer schmatzt da im Garten?
Um Wildtiere zu entdecken, musst du nicht unbedingt dunkle Wälder aufsuchen. Auch in Dörfern und Städten, in Parks und Gärten kannst du in der Dämmerung viele Tiere entdecken,

die tagsüber in ihren Verstecken schlafen: So durchsuchen Waschbären nachts mit Vorliebe Mülltonnen nach Fressbarem, Steinmarder gehen in Hausnähe auf Mäusefang, Siebenschläfer stehlen Äpfel im Obstgarten und in naturnahen Gärten zieht raschelnd und schnaufend der Igel durchs Laub, um Schnecken, Würmer und nachtaktive Käfer zu erbeuten.

Flatternde Nachtgespenster   Warme Sommerabende sind der beste Zeitpunkt, um Fledermäuse zu entdecken. Denn nun sind besonders viele Mücken und kleine Nachtfalter unterwegs – die Lieblingsspeise der Fledermäuse. Die besten Orte, um Fledermäusen zu begegnen, sind Waldränder und Gewässer. Dabei gilt: Je abwechslungsreicher die Landschaft, desto mehr Fledermäuse können dort wohnen. Aber auch an Straßenlaternen in der Stadt könnt ihr Fledermäuse finden. Wollt ihr sie euch genauer anschauen, so nehmt eine starke Taschenlampe

mit. Mit einem „Fledermaus-Detektor" (Spielwarenhandel) könnt ihr sogar die hohen Rufe der Fledermäuse hören!

Werde zum Nachttier

Willst du Wildtiere bei Nacht aufspüren, so musst auch du selbst ein wenig zum Nachttier werden: bewege dich so lautlos wie möglich. Lausche ins Dunkel und achte dabei auf jedes Rascheln am Waldboden, auf das feine Knacken von Zweigen und Rascheln in den Ästen über dir. Benutze die Taschenlampe nur sehr sparsam – deine Augen werden sich ans Dunkel gewöhnen.

So findest du dein Tier im Buch

Was dir bestimmt zuerst auffällt, wenn du einem landlebenden Wildtier begegnest, ist, ob es ein Fell hat oder nicht. Trägt es statt eines Fells nur Schuppen auf der Haut, so hast Du ein Reptil gefunden. Dazu zählen bei uns Eidechsen, Schildkröten und Schlangen. Du findest die **Reptilien** im Buch hinten unter dem ▬ Farbbalken.

Unter dem ▬ Farbbalken findest du Tiere, die statt Fußsohlen an ihren Füßen Hufschuhe tragen: die **Huftiere**.

Der ▬ Farbbalken zeigt dir **Raubtiere** wie Wolf, Bär und Fuchs.

Unter dem ▬ Farbbalken findest du **Hasen und Nagetiere**, zu denen auch Eichhörnchen, Biber, Siebenschläfer und Mäuse gehören.

Der ▬ Farbbalken fasst die **Insektenfresser** zusammen. Neben Maulwurf und Spitzmäusen zählen auch Fledermäuse dazu.

Wie groß ist das Tier?
Zu jedem Tier findest du die Größenangabe in Zentimetern. Bei den Reptilien wird die von der Schnauzenspitze bis zur Schwanzspitze angegeben, bei den Säugetieren vom Kopf bis zum hinteren Ende des Rumpfes.

Felix, der schlaue Fuchs, verrät dir noch mehr:
Warum heult der Wolf? Wann röhren die Hirsche in unseren Wäldern? Wie sieht eine Wildschweinspur aus und wo kannst du wilden Elchen begegnen?

Tiere bestimmen

Elch

Typisch   Großer Hirsch mit pferdeähnlichem Kopf. Erwachsene Männchen mit mächtig breitem Schaufelgeweih.

Wälder & Seen   Elche sind wirklich riesige Hirsche – bis zur Schulter gemessen sind manche über 2 m groß! Früher lebten Elche auch in unseren Wäldern, direkt vor der Haustür unserer Vorfahren. Heute sind den riesigen Tieren unsere Wälder einfach zu klein. In Schweden, Finnland und Norwegen und auch in Polen mit ihren ausgedehnten Wäldern leben aber auch heute noch ganz viele Elche.

Weil sie leicht schwitzen, gehen Elche liebend gerne in Seen baden.

Auf Elch-Safari

Wo Pippi Langstrumpf zu Hause ist, im schwedischen Smaland, da gibt es nicht nur Spunke, sondern natürlich auch massenhaft Elche. In der Abenddämmerung kannst du dort an spannenden Elch-Safaris teilnehmen. Manchen Elchen begegnet man aber auch mitten auf der Straße!

Nicht scheu: Elchkuh und ihr Junges.

Rentier

Typisch Nur im hohen Norden zuhause. Zieht in großen Herden durch die Tundra.

Halbwilde Hirsche In Schweden und Norwegen ziehen auch heute noch große Rentierherden durch die weite, offene Landschaft. Allerdings sind diese Tiere heutzutage nur noch halbwild: Jede Rentierherde hat nämlich einen Besitzer. Typisch für Rentiere ist, dass nicht nur die Männchen stattliche Geweihe tragen, sondern auch die Weibchen. Auf ihren weiten Wanderungen durchqueren die Tiere manchmal reißende Flüsse.

Same mit Schlitten und Rentier.

Gibt es in Europa auch Indianer?

Jedes Kind in Europa kennt die Indianer Nordamerikas, die mit ihren Büffeln zogen und von ihnen lebten. Dabei gab es auch bei uns in Europa Indianer: Sie lebten eng verbunden mit ihren Rentierherden hoch oben im Norden. Dieses Volk der „Samen" lebt zum Teil noch heute von seinen Rentieren.

Rothirsch

Typisch   Sehr große, kräftige Hirschart mit rotbraunem Sommerfell. Männchen mit verzweigtem Stangengeweih.

Groß und gut versteckt   Tagsüber sind Rothirsche praktisch nie zu sehen, denn dann ruhen sie gut versteckt im Dickicht der Wälder. Erst in der Dämmerung kommen sie heraus, um auf Wiesen, Äckern und Waldlichtungen nach Nahrung zu suchen: Gräser, Blätter, Knospen, Rinde, Eicheln und andere Baumfrüchte zählen zu ihrem natürlichen Speiseplan, aber Rothirsche mögen auch vom Menschen angebaute Feldfrüchte wie Kartoffeln und Rüben.

Spuren: links gehend, rechts fliehend.

Kleine Geweihkunde

Nur die männlichen Rothirsche tragen ein Geweih, das sie jedes Jahr abwerfen. Bald darauf wächst ihnen ein etwas größeres Geweih. Einjährige besitzen noch unverzweigte Spieße. Mit jedem Jahr wächst die Zahl der Enden. Mit 10 bis 14 Jahren ist das Geweih am verzweigtesten.

Jedes Jahr wächst dem Hirsch
ein größeres Geweih.

Familienbande   Bei den Rothirschen leben Kühe (die
Weibchen) und Kälber (die Jungtiere) in Rudeln von 30 bis
100 Tieren zusammen. Die jungen Männchen bilden eigene, kleinere Männerrudel. Die alten Hirsche sind meist
Einzelgänger. Nur einmal im Jahr, zur Herbstbrunft, treffen sie sich, um laut röhrend und stampfend gegeneinan-
der anzutreten. Sie kämpfen und rangeln mit ihren Gewei-
hen und wer gewinnt, der ist der neue „Platzhirsch".

Rothirsch-Mutter mit getüpfeltem Kalb.

Reh

Typisch Im Sommer rotbraun, im Winter graubraun.
Der Rehbock trägt ein nur 30 cm langes Geweih.

Reh überall Rehe sind nicht nur die kleinsten, sondern
auch die häufigsten hirschartigen Tiere unserer Landschaften. Sie leben überall, wo Wälder an Felder und Hecken
grenzen, manche dringen sogar auf Friedhöfe und in Gärten vor. Dabei sind Rehe richtige Feinschmecker: Sie brauchen eine abwechslungsreiche Kost aus Knospen, Kräutern,
Samen, Blüten, Gräsern und Rinde. Im Mai und Juni
werden die Rehkitze geboren.

Bitte nicht „helfen"!

Wenn Rehmütter auf Nahrungssuche gehen, dann ist es oft siche-
rer, wenn sich ihr Kitz im Gebüsch
versteckt und wartet, bis die Mutter
zurückkehrt, um es zu säugen.
Solche Rehkitze sind nicht verlassen
und dürfen keinesfalls mitgenom-
men werden!

Sein Geweih hat höchstens drei
Enden pro Seite.

Meine Mama kommt gleich wieder!

Auf Fährtensuche   Tagsüber wirst du nur sehr selten wild-lebende Rehe zu Gesicht bekommen, denn dann verste-cken sie sich in Wäldern und Gebüschen. Trotzdem kannst du genau erkennen, ob hier ein Reh zuhause ist: Achte auf die kugeligen, 1–1,5 cm großen Kotbeeren am Boden. Ist der Boden schlammig und feucht, so wirst du auch Abdrü-cke ihrer Hufe finden. Sie ähneln denen des Rothirsches (Seite 16), sind aber nur 4–6 cm lang.

Hier hat ein Reh seine Losung hinterlassen.

Damhirsch

Typisch   Mittelgroßer Hirsch mit Punkten auf dem Rücken und Schaufelgeweih.

Rudeltiere   Von Mai bis September leben Damhirsche in rein weiblichen und männlichen Rudeln. Ältere Hirsche ziehen dann auch oft allein umher. Wenn im Mai und Juni die Kitze geboren werden, finden sie im großen Rudel der Weibchen guten Schutz: Bei Gefahr drängen sich alle eng zusammen. Im Herbst treffen dann Männchen und Weibchen zur Paarung zusammen und verbleiben über Winter in gemischten Rudeln.

Damhirsche hinter Gittern

Nicht nur in freier Wildbahn ist Damwild bei uns zuhause, sondern es wird auch oft in Gehegen gehalten. Auf Farmen dient das Damwild zur Fleischproduktion, in Wildparks und Streichelzoos als besonders zahme und liebenswerte Tiere zum Füttern.

Damhirsch-Weibchen tragen keine Geweihe.

Mufflon

Typisch   Männchen mit schneckenförmig gedrehten Hörnern und hellem Sattel auf dem Rücken.

Wilde Bergschafe   Mufflons leben gesellig in Rudeln in Bergwäldern. Das Rudel wird immer vom ältesten Schaf angeführt. Junge, männliche Schafe, die Widder, schließen sich ab einem Alter von 1 bis 3 Jahren zu „Widderclans" zusammen. Ältere Widder sind häufig Einzelgänger, die sich nur zur Brunftzeit treffen, um mit Rammstößen ihrer Hörner um die Schafe zu kämpfen. Mufflons sind gerne vormittags und in der Abenddämmerung aktiv.

Weibchen und Jungtiere sind unscheinbarer.

Die kennen sich aus

Mufflons bewohnen ganz bestimmte Gebiete, in denen sie sich hervorragend auskennen. Zur Orientierung benutzen die Tiere besondere Geländemerkmale wie Bäche, gute Aussichtsplätze und markante Felsen. So können sie auf der Flucht vor Feinden schnell und zielsicher in geschützte Gebiete fliehen.

Gämse

Typisch　Ziegenähnlich; Männchen und Weibchen mit hakenförmigen Hörnern.

Im Hochgebirge zuhause　Der Lebensraum der Gämsen sind felsige Hochgebirge, wo sie an Steilhängen Schutz vor Feinden finden. Wo sie sich sicher fühlen, da kommen sie aber auch weiter hinunter an die Waldränder, um hier nach Nahrung zu suchen. Zum Ruhen nutzen sie gern erhöhte Aussichtspunkte mit freiem Blick, so dass Feinde früh bemerkt werden können. Nahende Menschen wittern Gämsen bereits ab einer Entfernung von 500 m!

Gämsen können großartig klettern.

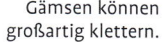

Und weg!

Die natürlichen Feinde der Gämsen sind Steinadler, Uhu, Wolf, Luchs und Bär. Bei Beunruhigung warnen sich die Tiere durch Aufstampfen mit den Füßen und heisere Pfiffe, um sogleich Zuflucht an für andere unzugänglichen Steilwänden zu suchen.

Steinbock

Typisch   Wie eine große, kräftige Ziege. Böcke mit mächtigen, rückwärts gebogenen Hörnern, Weibchen tragen nur kleine Hörner.

Immer im Hochgebirge   Steinböcke lieben es karg und felsig, denn an diesen Lebensraum sind sie bestens angepasst: Hier im baumlosen Hochgebirge können sie schon von weitem sehen, ob ein Räuber naht. Dann flüchten sie rasch an steile Felswände, wohin ihnen kaum einer folgen kann. Dass die Nahrung hier nur aus harten Gräsern und Flechten besteht, stört die genügsamen Tiere nicht. Selbst in kleinsten Felsritzen finden sie noch etwas zu knabbern.

Die Kleinsten müssen schon klettern üben.

Kindheit an Steilhängen

Im Juni kommen die Steinbock-Kitze zur Welt. Schon am Tag nach ihrer Geburt müssen sie ihrer Mutter über Fels und Geröll, durch Bäche und Flüsse folgen, denn nur im Schutz der Herde sind sie sicher. Die Mutter säugt ihr Kitz bis zum Herbst.

Wildschwein

Typisch Massiger Körper, Rüsselnase, kleine Augen und Borstenpelz.

Keine Streicheltiere! Wildschweine haben sich mancherorts sehr an Menschen gewöhnt. Sie kommen sogar in Parks und Gärten und manche lassen sich auch füttern. Aber aufgepasst! Insbesondere Wildschweinmütter werden bei Annäherung an ihre gestreiften Frischlinge sehr aggressiv und greifen auch Menschen furchtlos an! Deshalb immer Abstand zu Wildschweinen halten – sind sie auch noch so niedlich und zutraulich.

Werde zum Fährtenleser

Wo Wildschweine waren, da findest du garantiert auch ihre Spuren. Die Fußabdrücke von Wildschweinen sind denen der Hirsche ähnlich (Seite 16), doch neben den beiden großen Schalen siehst du auch immer noch den Abdruck zweier kleinerer Hinterzehen.

Typische Wildschwein-Fußspur.

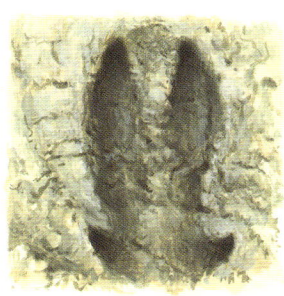

Keiler mit
herausragenden Eckzähnen.

Leben in der Rotte Wildschweine leben sehr gesellig in „Rotten", die meist aus 5 bis 10 Tieren bestehen. Eine Rotte kann aber auch bis zu 50 Tiere umfassen. Die Führung übernimmt das älteste Weibchen. Männchen dürfen nur bis zu einem Alter von 1 1/2 Jahren in der Rotte bleiben, danach ziehen sie noch eine Weile gemeinsam umher. Ältere Keiler sind aber Einzelgänger, die nur zur Paarungszeit in der Nähe der Rotte geduldet werden.

Wühlen mit dem Rüssel nach Essbarem.

Braunbär

Typisch   Einzige Bärenart Europas, wiegt bis zu 250 kg.

Tapsiger Allesfresser   Bären sind Einzelgänger, die durch weite Wald- und Seengebiete streifen. Ihre Nahrung besteht hauptsächlich aus Früchten, Ameisen, Schnecken und Käfern, gelegentlich auch aus geschwächtem Wild. Bärenmütter ziehen ihre Jungen alleine groß. Im schneereichen Norden verschlafen Bären den Winter in frostfreien Höhlen, in Mitteleuropa sind sie den ganzen Winter über aktiv.

Bären können ausgezeichnet klettern!

Solche Spuren verraten den Braunbär.

Was tun im Bärenland? Bären in freier Wildbahn zu begegnen ist nicht ungefährlich. Denn obwohl sie tapsig und plump wirken, sind sie doch schneller als wir Menschen und können sogar besser klettern! Damit Bären dich rechtzeitig wahrnehmen und flüchten können, solltest du in Bären-Gebieten immer ein Glöckchen an deinem Rucksack befestigen. Triffst du auf einen Bären, so ziehe dich langsam und ruhig zurück.

Hinterlassen Kratzspuren an Rinde.

Tatzenabdrücke

Spuren von Bären sind mit keiner anderen Tierspur zu verwechseln. An Vorder- und Hinterfuß tragen sie 5 Zehen und sehr lange Krallen, die sich meist deutlich mit abdrücken. Die Vorderfußspur ist kurz und etwa 16 cm breit, die Hinterfußspur länglich, sie misst etwa 26 cm in der Länge.

Wolf

Typisch   Wie ein großer, grauer Schäferhund, aber mit längeren Beinen, breiterem Kopf und kleineren Ohren.

Gibt's bei uns Wölfe?   Früher waren Wölfe in ganz Mitteleuropa weit verbreitet. Aber Jäger rotteten den Wolf vor 150 Jahren bei uns aus. Und doch gibt es heute wieder Wölfe in manchen unserer Wälder. Wo kommen sie her? Diese Wölfe wandern aus Nachbarländern wie Polen zu uns herüber und haben auch schon kleine Rudel gegründet. Ob sie bei uns überleben, kommt darauf an, ob die Menschen sie schützen oder jagen.

Vom kleinen zum großen Wolf

Wolfswelpen werden liebevoll umsorgt: Nicht nur die eigenen Eltern kümmern sich um sie, sondern auch ihre Geschwister vom letzten Jahr. Mit 2 oder 3 Jahren verlassen sie das elterliche Rudel und wandern fort, um ein eigenes Revier zu besetzen.

Stimmen sich mit Heulen auf die Jagd ein.

Im Spiel lernen sie fürs Leben.

Wolfsrudel   Am wohlsten fühlt sich der Wolf im Rudel – genau wie sein Nachfahre, unser Haushund, für den wir als Familie das Rudel darstellen. Im Wolfsrudel wird gemeinsam gejagt, gefressen, gespielt und natürlich auch gestritten. Und wenn große und kleine Wölfe müde sind, dann kuscheln sie sich eng aneinander und geben sich Schutz und Wärme. Ein Wolf würde freiwillig nicht allein sein wollen – genau wie unsere Hunde.

Wölfe tun am liebsten alles gemeinsam.

80 – 120 cm

Luchs

Typisch Große, hochbeinige Katze mit kurzem Stummelschwanz. Etwa so groß wie ein Schäferhund. Auffallend sind die schwarzen Pinsel an den Ohren.

Große Wälder, viele Rehe Luchse brauchen viele Versteckmöglichkeiten, denn sie sind sehr scheu. Deshalb kommen sie auch nur in großen Wäldern vor. In Mitteleuropa finden Luchse hauptsächlich in den Bergwäldern der Alpen geeignete Lebensräume. Natürlich muss es hier auch genügend Wild zum Jagen geben: Luchse erbeuten Tiere von der einer Maus bis hin zum Elch. Ihre Hauptbeute bei uns sind Rehe.

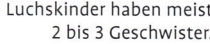

Luchskinder haben meist 2 bis 3 Geschwister.

Sind Luchse gefährlich?

Uns Menschen werden Luchse niemals gefährlich! Der Mensch wird vom Luchs nicht als Beutetier angesehen und außerdem haben Luchse große Scheu vor dem Menschen. Deshalb kannst du auch in Wäldern, wo Luchse leben, ganz unbesorgt spazieren gehen.

Wildkatze

Typisch   Sehr ähnlich einer grau getigerten Hauskatze, jedoch mit buschigerem, geringeltem Schwanz.

Braucht ungestörte Wildnis   Wildkatzen brauche große, wilde Wälder, in denen sie umherstreifen, auf Wühlmausjagd gehen und ungestörte Verstecke finden können. In Mitteleuropa ist die Wildkatze daher selten und nur in wenigen Waldgebieten wie im Schwarzwald, auf der Schwäbischen Alb und im Odenwald zuhause. Zur Geburt ihrer Jungen braucht die Wildkatze einsam gelegene Verstecke in Baumhöhlen oder Felsen.

Im April und Mai werden
Wildkätzchen geboren.

Woher kommt unsere Hauskatze?

Obwohl die nordische Wildkatze unseren Hauskatzen zum Verwechseln ähnlich sieht, stammen diese doch nicht von ihr ab. Die Stammform unserer Hauskatze ist die afrikanische Falbkatze, sie wurde von den Römern aus Ägypten nach Europa gebracht.

Waschbär

Typisch Plumper Körper mit „Katzenbuckel", kurzen Beinen, buschigem Ringelschwanz und schwarzer Räubermaske.

Kleiner Bär aus Amerika Der Waschbär zählt tatsächlich zur Familie der sogenannten Kleinbären. Sein ursprüngliches Zuhause liegt in Nordamerika, von wo aus er nach Europa gebracht wurde. Mancherorts setzte man ihn mit Absicht in freier Natur aus, anderswo ist er aus Pelztierfarmen entkommen. Heute leben viele Waschbären in Europa. Auch Ortschaften besiedeln sie gern, worüber sich nicht alle Menschen freuen.

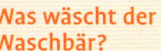

Was wäscht der Waschbär?

In Wildparks kannst du häufig beobachten, wie Waschbären am Wasser sitzen und ihre Nahrung „waschen". Dabei handelt es sich aber nur um ein intensives Abtasten der Beute: Jede Schnecke, jeder Wurm wird vor dem Fressen ausgiebig untersucht.

Pfotenabdrücke im Uferschlamm.

Der Allesfresser auf nächtlicher Müllsuche.

Rumpelt auf Dachböden   Waschbären mögen gemütliche, trockene Höhlen, am besten mit einer reich gefüllten Speisekammer in der Nähe. Da sie nicht sehr menschenscheu sind, ziehen sie so mit Vorliebe auf Dachböden und in Scheunen ein. Nachts kommen sie hervor, räumen Mülltonnen aus, bedienen sich am Gartenobst oder stehlen Eier aus Hühnerställen. Deshalb sind Waschbären keine gern gesehenen Untermieter.

Untersucht seine Mahlzeit sorgfältig.

Rotfuchs

Typisch   Rotbraunes Fell mit weißem Lätzchen, relativ kurze Beine und dicker, buschiger Schwanz.

Schlauer Fuchs   Ob an der Meeresküste, in Bergwäldern oder zwischen Dörfern, Feldern und Wiesen: der Fuchs ist praktisch in jedem Lebensraum zuhause und kommt sogar in Großstädten bestens zurecht. Tagsüber rollt er sich in einem Versteck zusammen, erst in der Dämmerung kommt er hervor, um auf Mäusejagd zu gehen. Daneben erbeutet er auch Würmer, Insekten und Vögel oder frisst Aas und im Herbst hauptsächlich Beeren.

Der Eingang zum unterirdischen Fuchsbau.

Spur eines schnürenden Fuchses.

Blinde Jagd Füchse gehen ja überwiegend in der Dunkelheit auf Jagd, deshalb brauchen sie einen hervorragenden Gehörsinn. So sind Füchse sogar in der Lage, Regenwürmer zu hören, die sich an der Erdoberfläche bewegen, und Mäuse zu orten, die sich unter einer 30 cm dicken Schneedecke bewegen. Dass Füchse auch ohne zu sehen zurechtkommen bewies ein in England geborener, blinder Stadtfuchs, der sich sogar erfolgreich fortpflanzte.

Rangeln ist ein beliebtes Fuchsspiel.

Perlenkette im Schnee

Auf verschneiten Feldern findest du häufig Pfotenabdrücke, die wie eine Perlenkette hintereinander aufgereiht sind. Beim sogenannten „Schnüren" setzt der Fuchs seine Vorder- und Hinterpfoten genau ineinander und schnurgerade hintereinander.

Dachs

Typisch   Plump mit kurzen Beinen und kleinem Kopf mit zwei schwarzen Längsstreifen.

Nächtlicher Räuber   Am wohlsten fühlt sich der Dachs am Waldrand: So kann er gut versteckt im Gewirr der Bäume seine unterirdischen Gänge und Höhlen graben und zur Nahrungssuche auf Feldern und Wiesen umherstrolchen. Tagsüber ruht der Dachs in seiner Höhle, nachts geht er auf Beutesuche. Als typischer Allesfresser nimmt er das, was gerade im Überfluss vorhanden ist, ob Würmer, Insekten, Schnecken, Pilze oder Früchte.

Nur der Dachs gräbt solche Rutschen am Eingang.

Die meiste Zeit verbringt der Dachs unter der Erde.

Unterirdische Burg   Die Dachshöhle hat nicht nur einen Ein- und Ausgang, sondern gleich mehrere, je nachdem, wie lange die Höhle schon existiert. Denn Dachsbaue werden über viele Generationen hinweg von mehreren Tieren bewohnt und immer weiter ausgebaut, bis es richtige unterirdische Burgen sind. So fand man bereits Dachsburgen mit mehr als 60 Röhren in verschiedenen Etagen und mit über 25 verschiedenen Zimmern! Diese werden gemütlich mit Gras und Laub ausgepolstert.

Dachsspur: rechts Vorder-, links Hinterfuß.

Werde zum Spurendetektiv

Dachsspuren kannst du nicht mit Fuchs- oder Hundespuren verwechseln. Denn im Gegensatz zu diesen drücken sich beim Dachs alle 5 Zehenballen ab (nicht nur 4). Zusätzlich siehst du immer auch Abdrücke seiner langen Krallen – besonders am breiteren Vorderfuß.

Fischotter

Typisch   Langer, schlanker Körper, langer Schwanz, kurze Beine und kleiner Kopf. Immer am Wasser.

Toller Tauchanzug   Während Steinmarder, Iltis und unsere anderen Marder an Land leben, hat sich der Fischotter darauf spezialisiert, im Wasser nach Nahrung zu suchen. Dazu hat er ein extrem dichtes, eng anliegendes Fell, das wie ein

wärmender Taucheranzug wirkt. Damit kann er sogar im Winter an offenen Eislöchern nach Fischen tauchen. Leider finden auch Menschen diesen Pelz sehr schön und deshalb wurde der Otter früher stark verfolgt.

Diese Spuren enden meistens an einem Wasserloch!

Zum Beutefang brauchen
Fischotter klares Wasser.

Gesucht: Natürliche Flüsse Fischotter bewohnen sehr
große Reviere – ein Otterrevier kann sich über eine Fluss-
länge von 40 km erstrecken! Wichtig sind flache Uferzonen
und ein abwechslungsreich gestaltetes, natürliches Flussufer, wo der Fischotter Verstecke für sich und seine Jungen
findet. Da Fischotter nachtaktiv sind, begegnet man ihnen
in freier Natur so gut wie nie – aber ihre Spuren verraten
sie doch!

Auf weichen Böden drücken
sich die Schwimmhäute mit ab.

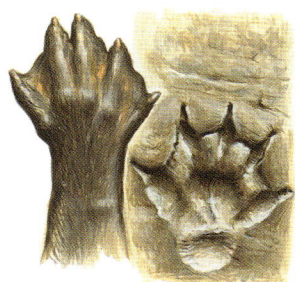

Streng geschützt

In weiten Teilen Mitteleuropas ist der
Fischotter vom Aussterben bedroht.
Das liegt daran, dass er über Jahr-
hunderte stark bejagt wurde und
heute außerdem viele Bäche nicht
mehr natürlich fließen oder zu
schmutzig sind. Heute steht der
Otter unter Naturschutz.

Steinmarder

Typisch „Weißkehlchen": trägt ein weißes Lätzchen
(der ähnliche Baummarder hat eine gelb-orange Kehle).

Hausmarder ... Dieser Marder lebt am liebsten in mensch-
licher Gesellschaft. Seine Höhle findet er im Gerümpel auf
Dachböden oder in Scheunen, hier verschläft er warm und

gemütlich den Tag. Erst
abends wird er munter und
geht auf Mäusejagd. Er fut-
tert aber auch gern Gartenobst, Abfälle und stiehlt Eier
und sogar ganze Hühner.
So kommt es, dass sich
nicht jeder über einer Marder im Haus freut.

Steinmarder lieben Eier.

Autos sind beliebte
Marder-Spielplätze.

… mit guter Erziehung! Mit 3 Monaten dürfen junge Steinmarder zum ersten Mal ihre Mutter auf ihren Exkursionen
begleiten. Sie zeigt ihnen, was gut schmeckt und wo sie es
finden können. Auch Verkehrserziehung gehört selbstver-
ständlich mit dazu: Am Anfang führt sie jedes Junge ein-
zeln über die Straße. Erst wenn sie das gelernt haben, dürfen ihr alle Jungen hintereinander folgen.

Typische Spuren auf der
Motorhaube.

Krawall auf Dachböden

Im Juli geht es nachts hoch her im
Steinmarderquartier, denn nun ist
Paarungszeit. Männchen und Weib-
chen liefern sich über Stunden wilde
Verfolgungsjagden unter lautem
Kreischen. Wer Steinmarder bei sich
wohnen hat, kann das nun nicht
mehr überhören!

Baummarder

Typisch   „Goldkehlchen": trägt eine gelb-oranges Lätzchen (vergleiche Steinmarder mit weißer Kehle).

Waldmarder   Im Gegensatz zum sehr ähnlichen Steinmarder lebt der Baummarder lieber im Wald und kommt eher selten in Ortschaften. Nur mit Glück wirst du ihn in freier Natur antreffen, denn Baummarder bewohnen sehr große Reviere und sind vorzugsweise nachts unterwegs. Im Sommer aber gehen sie auch tagsüber auf Nahrungssuche. Ihre Jungen bringen sie gut versteckt in einer Baumhöhle zur Welt.

Klettert und springt

Am Boden hüpfen Baummarder meist, dabei jagen sie hauptsächlich Mäuse und Ratten. Oft sind sie aber kletternd und springend hoch oben in den Ästen der Bäume unterwegs, wo sie in der Nacht ruhende oder brütende Vögel erbeuten.

Elegant von Ast zu Ast.

Iltis

Typisch   Meist deutlich kleiner als Stein- und Baummarder. Typisch ist sein helles Gesicht mit dunkler Augenmaske.

Stinkmarder   Der Iltis bewohnt sehr abwechslungsreiche Lebensräume, in denen kleine Wälder mit Wiesen, Hecken, Weiden und Feuchtgebieten mosaikartig nebeneinander liegen. Im Winter zieht er auch gern in dorfnahe Scheunen ein. Sein Revier markiert der Iltis mit einem speziellen, sehr unangenehm riechenden Sekret aus Drüsen an seinem Hinterteil. Deshalb wird er auch „Stinkmarder" genannt.

Frettchen sind oft heller oder ganz weiß.

Gezüchtet: Das Frettchen

Aus dem Iltis hat der Mensch vor mehreren tausend Jahren das Frettchen gezüchtet. Die sehr zahm werdenden Frettchen wurden schon vor 2500 Jahren von Perserkönigen statt Hunden zur Jagdzwecken eingesetzt und sind auch heute noch bei Jägern beliebt.

20 – 30 cm

Hermelin, Wiesel

Typisch   Zierlicher Marder, im Sommer mit weißer Unterseite, im Winter ganz weiß. Aber immer mit typischer schwarzer Schwanzspitze!

Flink wie das Wiesel   Das Hermelin, auch Wiesel genannt, kannst du schon anhand der Gestalt von Baum- und Steinmardern unterscheiden, denn es ist nicht nur deutlich kleiner, sondern vor allem viel schlanker und wendiger. Im Sommer fällt auch besonders die scharfe Trennlinie zwischen brauner Oberseite und weißer Unterseite ins Auge. Im Winter ist es mit seinem weißen Winterfell unverwechselbar – das macht bei uns nur das Hermelin.

Marder überall

Das Hermelin ist in allen Landschaften zuhause, in denen es kleine Schlupfwinkel und Mäuse gibt. Und das ist fast überall: von Dörfern über Wälder, Wiesen und Felder mit Teichen und Flüssen bis hin zur Meeresküste und im Hochgebirge.

Im Winter getarnt als kleiner „Eisbär".

Mauswiesel

Typisch   Winzigkleiner Marder, sieht aus wie die Miniaturausgabe des Hermelins, aber mit deutlich kürzerem Schwanz und ohne schwarze Schwanzspitze.

Passt in Mäusegänge   Das Mauswiesel ist so schlank, dass es Mäusen problemlos in ihre unterirdischen Gänge und Höhlen folgen kann. Im Gegensatz zu anderen Mardern sind Mauswiesel am häufigsten tagsüber unterwegs, nur bei Regen oder großer Hitze verkriechen sie sich lieber. Ob und wie oft Mauswiesel sich paaren und Junge werfen hängt von der Häufigkeit ihrer Nahrung, den Wühlmäusen, ab.

Wenige Tage altes Mauswiesel.

Nestgezwitscher

Mauswiesel-Babys kommen blind und taub zur Welt. Ihr Fell ist noch kurz, hell und ganz weich und sie wiegen ungefähr soviel wie eine Streichholzschachtel. Sie sind gerade einmal 4 cm groß. Nach 5 Tagen geben die Babys ihre ersten Laute von sich, die klingen wie Vogelzwitschern.

Kaninchen

Typisch   Hat im Gegensatz zum Feldhasen eine rundlichere Gestalt und kürzere Ohren.

Die buddeln Höhlen   Kaninchen sind ursprünglich Steppenbewohner, die sich erst nachträglich in viele weitere Lebensräume wie Wiesen, Gebüsche, Wälder und Gärten ausgebreitet haben. Wichtig für ihr Vorkommen sind trockene und lockere Böden, in die sie ihre verzeigten Gänge und Höhlen graben können. Darin ziehen sie ihre Jungen groß und auch bei Gefahr verschwinden Kaninchen flink unter der Erde.

Kleine Nesthocker

Kaninchen sind bei ihrer Geburt noch nackt und blind. Damit sie nicht frieren, polstert die Mutter ihr Nest in der Höhle mit eigenem Fell aus, das sie sich herausrupft. Im Alter von 10 Tagen öffnen die Kleinen ihre Augen und nach und nach wächst ihnen ein wuscheliges Fell.

Typische Kotpillen markieren das Revier.

Oft findest du mehrere
Höhlen in nächster Nähe.

Leben als Großfamilie   Kaninchen fühlen sich nur in einer
Gemeinschaft richtig wohl. Am liebsten wohnen sie als
Großfamilie dicht beieinander, gehen gemeinsam auf Nahrungssuche nach Kräutern und Gräsern und warnen sich
gegenseitig vor Feinden. So bewohnen nicht selten gleich
mehrere Kaninchen einen verzweigten Bau. Auch Hauska-
ninchen (auch „Stallhasen" sind Kaninchen!) sollten niemals alleine gehalten werden und sie benötigen unbedingt
einen Auslauf.

Mit 4 Wochen verlassen Kaninchenkinder zum ersten Mal den Bau.

Feldhase

Typisch Im Gegensatz zum Kaninchen ist sein Körper lang und muskulös und mit sehr langen Hinterbeinen ausgestattet. Auffallend sind die langen Ohren mit schwarzer Spitze.

Flucht mit 60 km/h Anders als Kaninchen graben Hasen niemals Höhlen. Droht Gefahr, so drücken sich Feldhasen einfach flach auf den Boden und hoffen, nicht entdeckt zu werden. Erst in allerletzter Sekunde springen sie auf und versuchen durch Hakenschlagen ihren Verfolgern zu entkommen. Dabei vollführen sie Sprünge bis zu 3 m Höhe und erreichen Spitzen-Geschwindigkeiten von bis zu 60 km/h.

Box-Wettkämpfe

Im März ist Paarungszeit bei den Hasen. Jetzt sieht man sie oft aufgeregt auf Wiesen und Feldern umherhoppeln, manche richten sich auch auf und schlagen mit den Vorderpfoten aufeinander ein. Diese Box-Wettkämpfe dauern an, bis die Paare zusammengefunden haben.

Hasenspur im Schnee.

Erste Annäherungsversuche.

Hasenkindheit Im Unterschied zu Wildkaninchen kommen Hasenkinder schon weit entwickelt zur Welt. Das ist auch wichtig, denn sie werden ja nicht in einer Höhle geboren, sondern in einer einfachen Mulde am Boden, der Sasse. So tragen neu geborene Hasenbabys bereits ein Fell, ihre Augen sind geöffnet und nach wenigen Tagen hoppeln sie umher. Meist hocken sie aber still in ihrer Sasse und warten, bis ihre Mutter kommt, um sie zu säugen.

Bei Gefahr drücken sich Hasen an den Boden.

Schneehase

Typisch   Im Sommer bräunlich grau, im Winter weiß mit schwarzen Ohrspitzen. Lebt im hohen Norden und in hohen Gebirgslagen, wo der Feldhase nicht vorkommt.

Überleben in der Kälte   Mit seinem weißen Winterfell ist der Schneehase im Schnee bestens getarnt. So können ihn Füchse, Wölfe und Steinadler nur schwer ausmachen. Auch seine im Vergleich zum Feldhasen recht kurzen Ohren und die stark behaarten Schneeschuh-Pfoten sind eine Anpassung an den kalten Lebensraum. Der Schneehase gräbt für seine Jungen kurze Erd- oder auch Schneehöhlen.

Schneehase im Sommerfell.

Braun, weiß oder gescheckt

Die Fellfärbung des Schneehasen wird durch die Temperatur bestimmt: Bei uns in den Alpen sind sie nur im Winter schneeweiß, in der Arktis aber das ganze Jahr über. In anderen Regionen ist ihr Fell das ganze Jahr über braun und weiß gescheckt.

Murmeltier

Typisch   Bewohnt Grashänge in den Bergen.

Adleralarm!   Murmeltiere graben sich verzweigte Gänge und Höhlen in lockeres Erdreich. Hier leben sie gesellig in Großfamilien, nur erwachsene Männchen sind Einzelgänger. Von morgens bis abends knabbern sie Gräser, Knospen und Wurzeln in der Nähe ihrer Baue. Sichtet ein Tier einen nahenden Steinadler, so pfeift es schrill Alarm und alle Murmeltiere verschwinden blitzartig in ihren Höhlen.

Murmeltierkinder sind sehr verspielt.

Schlafen wie die Murmeltiere

Der lange, feste Schlaf der Murmeltiere ist sprichwörtlich. Tatsächlich können sie bis zu 7 Monate lang durchschlafen. Im Herbst futtern sie sich eine dicke Speckschicht an, verkriechen sich in ihre Baue und kommen erst im Frühjahr wieder hervor.

Eichhörnchen

Typisch Rotbraunes Fell, weiße Unterseite und buschiger Schwanz.

Immer an Bäumen Am Boden umherhüpfend werden Eichhörnchen allzu leicht Beute für Habicht oder Fuchs. Doch ein in den Baumkronen umherturnendes Eichhörnchen ist so gut wie unschlagbar. Blitzschnell erklimmt es mit seinen spitzen Krallen selbst glatte Baumstämme,

klettert von Ast zu Ast und springt furchtlos von Baumkrone zu Baumkrone. Sein buschiger Schwanz dient dabei als Steuerruder.

Mit einem Futterkasten lockst du Eichhörnchen an.

Meist werden Laubblätter
in den Kobel mit eingeflochten.

Hochzeit im Winter Anders als Fledermaus, Igel und
Murmeltier hält das Eichhörnchen keinen Winterschlaf.
Das braucht es nicht, weil es auch im Winter noch Nahrung
findet. Die hat es sich nämlich in Vorratskammern in Erd-
löchern versteckt: hier lagern Nüsse, Eicheln und Bucheckern. Im Januar und Februar kannst du beobachten, wie
Eichhörnchen sich gegenseitig wild von Baum zu Baum
jagen: Jetzt ist Eichhörnchen-Hochzeit!

Eichhörnchenbabys im Kobel.

Der Kobel ist das Nest

Eichhörnchen bauen sich runde Rei-
signester, die sogenannten „Kobel".
Darin bringen sie 3 bis 5 blinde und
nackte Junge zur Welt. Manche Eichhörnchen beziehen aber auch Baumhöhlen. Im Winter dienen Kobel und
Höhlen als Kälteschutz.

Biber

Typisch Größtes Nagetier Europas, wiegt bis zu 30 kg! Unverkennbar mit seinem breiten, flachen Schwanz, der sogenannten „Kelle".

Nagt und staut Mit seinen kräftigen Schneidezähnen und sehr viel Ausdauer gestaltet der Biber ganze Landschaften um. Wo gestern noch Bäume am Ufer standen, da sind sie heute gefällt und wo ein Fluss floss, da ist einige Zeit später ein Stausee. Biber schichten abgenagte Äste und Stämme geschickt zu Staudämmen, die Ritzen verschmieren sie mit Lehm: Ihre Biberburg soll von tieferem Wasser umgeben sein.

Die „Biberkelle" dient als Stütze beim Nagen.

Bitte kein Fisch!

Wer glaubt, dass Biber Fisch essen, der ist ganz falsch gewickelt. Biber sind strikte Vegetarier! Im Sommer knabbern sie hauptsächlich Gräser und Kräuter vom Gewässerufer, aber auch die Blätter der abgenagten Äste. Im Winter stehen Rinde und Knospen auf dem Speisezettel.

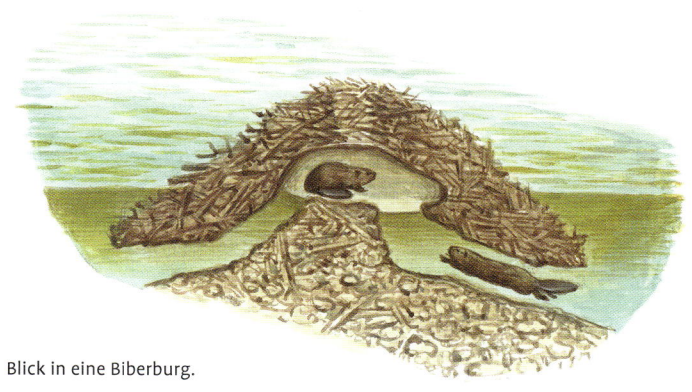

Blick in eine Biberburg.

Die Burg im See   In mühevoller Kleinarbeit errichten Biber ihre Reisigburg im angestauten Fluss. Wichtig ist, dass Ein- und Ausgang immer unter Wasser liegen, damit kein Feind von Land aus in den Bau gelangen kann, denn darin werden die Biberkinder geboren. Biberburgen werden über mehrere Generationen genutzt und können eine Höhe bis zu 2 m und einen Durchmesser bis zu 12 m erreichen!

In dieser Landschaft wohnt der Biber.

Bisam

Typisch Ähnelt einer Miniaturausgabe des Bibers, aber mit schmalem, seitlich abgeplattetem, dünn behaartem Schwanz.

Kleiner Ausbrecher Der Bisam stammt ursprünglich aus Nordamerika. Von dort wurde er nach Europa gebracht, weil man ihn wegen seines schönen Fells auf Pelztierfarmen züchten wollte. Doch einigen Bisamen gelang die Flucht, sie konnten sich rasch in freier Wildbahn ausbreiten und schließlich ganz Europa besiedeln. Ihr Wohngebiet sind Seen, Teiche, Sümpfe, Flüsse und Bäche.

Der Bisam hat einen schmalen Schwanz.

Unbeliebter Bisam

Anders als Biber buddeln Bisame sehr gern Baue in Uferböschungen und Dämme. Mancherorts sind die Uferbefestigungen schon durchlöchert wie ein Schweizer Käse und natürlich nicht mehr stabil. Das ist der Grund, warum Bisame gezielt verfolgt werden.

Nutria

Typisch   Kleiner als ein Biber und größer als ein Bisam.
Typisch ist der drehrunde Schwanz.

Welche Farbe hat der Nutria?   Die Heimat des Nutria liegt
in Südamerika. Genau wie der Bisam wurden Nutrias nach
Europa verschifft, um sie hier in Pelztierfarmen zu züchten
und Fellmäntel daraus zu nähen. Alle heute in Europa frei
lebenden Nutrias stammen von solchen gezüchteten und
ausgebüxten Zuchttieren ab. Darum finden sich außer der
braunen Wildfarbe auch weitere Farben wie schwarz,
goldbraun oder ganz weiße
Nutrias.

Nutrias leben in Großfamilien am
Wasser.

Gesellige Vegetarier

Nutrias bewohnen Gräben, Teiche
und Sümpfe mit ausgedehnten
Schilfzonen und vielen Wasserpflanzen. Denn genau wie Biber und
Bisam ist auch der Nutria ein reiner
Pflanzenfresser. Nutrias sind sehr
gesellige Tiere und leben gern in
größeren Kolonien beieinander.

Feldhamster

Typisch   Buntes Fell mit goldbraun, schwarz und weiß. Viel größer als der Goldhamster.

Ordnungsliebend   Der Feldhamster ist ursprünglich ein Steppentier. Doch gebietsweise kann er in Mitteleuropa auch auf Getreideäckern leben. Hier gräbt er sich Gänge und Höhlen in den Ackerboden – seine Nahrung, das Getreide, wächst sozusagen auf dem Dach seiner Behausung. Feldhamster sind sehr ordentliche Tiere: Sie haben eigene Höhlen als Vorratskammer, Kinderzimmer und Toiletten.

Was hamsterst du?

Der Ausdruck „hamstern" kommt tatsächlich vom Feldhamster: Im Spätsommer sammelt er in seinen dicken Backentaschen zusammen, was er eben transportieren kann, und deponiert es in seinen Vorratskammern. Im Winter ist dies seine einzige Nahrung.

Seine Gänge reichen bis in zwei Meter Tiefe.

Berglemming

Typisch   Lebt nur in Hochgebirgen und der Tundra des hohen Nordens. In Europa nur in Norwegen, Schweden und Finnland zuhause.

Wo es karg und kalt ist   Wo die Böden feucht und die Winter kalt sind, da sind die Lemminge zuhause. Ihr Unterschlupf liegt meist unter Steinen, im Winter graben sie auch Höhlen in den Schnee. Sie knabbern Gräser, Flechten, Knospen, Beeren und Zwergsträucher. Für Greifvögel, Eulen, Marder und Füchse stellen Lemminge in Skandinavien eine der wichtigsten Nahrungsquellen dar.

Lemminge können sich wehren!

Massenwanderungen

In manchen Jahren können sich Lemminge sehr stark vermehren. Da ihr Lebensraum dann nicht mehr genug Platz und Nahrung bietet, schließen sich die Tiere zu riesigen Gruppen zusammen, um in neue Gebiete abzuwandern. Dabei kommen viele Lemminge in Flüssen oder an Steilklippen ums Leben.

Siebenschläfer

Typisch   Sieht aus wie ein kleines, graues Eichhörnchen.

Nächtlicher Obstdieb   Siebenschläfer sind in naturnahen Wäldern zuhause, in denen genügend Baumhöhlen zum Verstecken bei Tag und zur Aufzucht ihrer Jungen vorhanden sind. Gern ziehen sie aber auch in Ferienhäuser am Waldrand ein, besonders, wenn hier Obstbäume wachsen. Denn Siebenschläfer mögen nicht nur Bucheckern, Insekten und räubern so manches Vogelnest, sondern sie wissen auch Äpfel, Birnen und Kirschen zu schätzen.

Mutter mit ihren Jungen.

Kleiner Langschläfer

Was den Winterschlaf angeht, so hält der Siebenschläfer gemeinsam mit dem Murmeltier den Rekord im Langschlafen. Je nach Wetterlage begibt er sich bereits im September oder Oktober zur Ruhe, um erst wieder im April oder Mai wach zu werden. Also ungefähr 7 Monate Schlaf! Daher kommt auch sein Name.

Gartenschläfer

Typisch Schwarze Räubermaske und kurz behaarter Schwanz, der in einem hellen, langhaarigen Pinsel endet.

Nach Sonnenuntergang Kaum ist die Sonne untergegangen, da kommt der Gartenschläfer aus seinem Versteck in Baumhöhlen, aus Holzstapeln oder Vogelnistkästen, um nach Beute zu suchen. Zu seiner bevorzugten Nahrung zählen Raupen, Käfer, Spinnen und Tausendfüßer, aber auch Äpfel, Birnen, Himbeeren und anderes Obst. Pünktlich eine halbe Stunde vor Sonnenaufgang verschwindet der kleine Nachträuber wieder in seinem Versteck.

Halten gern zu mehreren Winterschlaf.

Nistkästen für Langschläfer

Willst du dem Gartenschläfer helfen, ein gutes Versteck für den Winter zu finden? Dann kannst du im Garten einen speziellen Nistkasten für Schläfer aufhängen. Ein Vogelnistkasten tut es auch, nur muss das Einschlupfloch mindestens 3,5 cm groß sein.

Haselmaus

Typisch Goldrot mit großen Augen und dicht behaartem Schwanz.

Nächtliche Klettermaxe Haselmäuse leben hauptsächlich hoch oben in Baumkronen. Hier hangeln sie sich in der Dunkelheit geschickt von Ast zu Ast und futtern Blätter, Knospen, Früchte, Obst und Insekten. Ihre großen Augen helfen ihnen, auch bei fahlem Mondschein noch etwas sehen zu können. Von Oktober bis April halten Haselmäuse Winterschlaf in Nestern mit besonders dicken Wänden in Bodennähe.

Flechtwerk

Tagsüber schlafen Haselmäuse in ihren Kugelnestern, die sie kunstvoll aus Grashalmen, Laub und Moos flechten. Diese etwa 10 cm großen Nester können im niedrigen Brombeergestrüpp dicht über dem Boden hängen oder auch hoch oben in Baumkronen.

Haselmäuse bauen Kugelnester.

Zwergmaus

Typisch   Zierliche Maus, die mithilfe ihres Greifschwanzes klettert.

Kugelnest zwischen Halmen   Zwergmäuse leben am häufigsten am Ufer von Teichen, Seen und Flüssen. Hier bauen sie zwischen Schilf und anderen Gräsern ihre Kugelnester, die denen der Haselmaus (Seite 62) sehr ähnlich sehen. Da in diesem Lebensraum der Boden feucht und ungemütlich ist, findet ihr gesamtes Leben ein Stockwerk höher, an den Halmen der Ufergräser, statt. Nur bei Gefahr lassen sie sich einfach zu Boden fallen.

Zwergmäuse sind die Affen unter den Mäusen.

Selten am Boden

Zur Nahrungssuche hangeln sich Zwergmäuse mithilfe ihrer Greiffüße und des muskulösen Greifschwanzes wie kleine Äffchen durch die Grashalme. Dabei knabbern sie Grassamen und Getreide, aber auch die an den Stängeln lebenden Insekten und deren Larven.

Hausmaus

Typisch   Graubraun mit kleinen Augen, großen Ohren und nacktem Schwanz, der etwa so lang ist wie ihr Körper.

Unbeliebte Haustiere   Die Heimat unserer Hausmäuse liegt in warmen und trockenen Steppen- und Wüsten-gebieten. Von hier wurden sie aus Versehen im Gepäck der Menschen in die ganze Welt verbreitet. In unserem Klima fühlen sich die wärmeliebenden Hausmäuse am wohlsten in Vorratskammern, Scheunen und Ställen. Nur im Sommer zieht es sie auch nach draußen, um in Gärten und auf Wiesen und Feldern nach Nahrung zu suchen.

Hausmäuse kommen nackt und blind zur Welt.

Was futtert ihr denn da?

In ihren Heimatgebieten ernähren sich Hausmäuse hauptsächlich von Gräsern und Samen und auch in un-seren Behausungen knabbern sie am liebsten Getreide und Brot. Doch in unseren modernen Häusern fin-den Hausmäuse immer seltener Ein-schlupflöcher.

Gelbhalsmaus

Typisch   Kräftige Maus mit sehr großen Augen und Ohren und mehr als körperlangem Schwanz. Wird manchmal mit jungen Ratten verwechselt.

Zuhause im Wald   Gelbhalsmäuse leben am liebsten in Laubwäldern mit einer dicken Laubschicht am Waldboden. Hier graben sie sich zur Jungenaufzucht Erdhöhlen unter Baumstümpfen oder im Wurzelgeflecht. Ihre Nahrung besteht aus Würmern, Insekten, Beeren, Samen und anderen Pflanzenteilen. Im Winter beziehen die kletternden Gelbhalsmäuse Baumhöhlen und auch Vogelnistkästen in Gärten.

Klettert und springt ausgezeichnet.

Immer bereit zur Flucht

Gelbhalsmäuse sind die Athleten unter den Mäusen – sie sind einfach unglaublich schnell und kräftig und meistern Sprünge bis zu 1 m Höhe. Ihre Sportlichkeit hat auch einen guten Grund: Sie zählen zur Hauptbeute von Mardern, Füchsen und Eulen.

Wanderratte

Typisch   Kräftiger, etwa körperlanger Schwanz. Immer in der Nähe von Gewässern, lebt sogar in Abwässerkanälen.

Welteroberer   Ursprünglich wohnte die Wanderrate nur in menschenfernen Landschaften Sibiriens und Chinas. Dann lernte sie, dass es in der Nähe des Menschen immer etwas zu essen gibt – und seien es nur Abfälle – und schloss sich eng dem Menschen an. Über die Handelswege der Menschen gelangte auch die Wanderratte in die ganze Welt. Es gibt heute praktisch keinen Zipfel der Erde, den sie nicht erobert hat.

2 cm lange Köttel verraten ihre Anwesenheit.

Wohnt immer
nah am Wasser.

Lernfähig ...   Ratten sind überaus schlau und anpassungs-
fähig. Wo es ihnen gefährlich erscheint, da sind sie nur
nachts unterwegs. Doch auch hier verraten sie sich durch
ihre unübersehbaren Spuren: ihre länglichen Kotpillen und
ihre Fußabdrücke im feuchten Boden. Doch wo sich Ratten
sicher fühlen, da sind sie auch am helllichten Tage unterwegs. Manche sitzen im Winter sogar frech mitten im Vo-
gelfutterhaus.

Typische Fußspur am Gewässerufer.

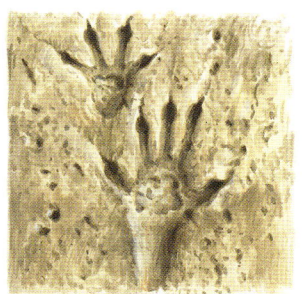

... und lästig

Wanderratten vermehren sich häufig
und finden als Alles- und Abfallfres-
ser überall etwas zu knabbern. So
wohnen in vielen Dörfern heute tatsächlich mehr Ratten als Menschen.
Da die Tiere jedoch gefährliche
Krankheiten übertragen, müssen sie
bekämpft werden.

Feldmaus

Typisch   Bräunliche Maus mit dichtem Fell, kleinen Ohren und kurzem Schwanz (viel kürzer als der Körper).

Maus, pass auf!   Feldmäuse wühlen weit verzweigte Gänge und Höhlen in Wiesen- und Feldböden. Ihre Gänge sind durch unterirdische Tunnel und oberirdische Straßen kreuz und quer miteinander verbunden und haben zahlreiche Ein- und Ausgänge. So können die Mäuse, egal wo sie gerade nach Gräsern, Samen und Wurzeln suchen, immer schnell ins nächste Erdloch entwischen und sich vor ihren zahlreichen Feinden verstecken.

Wer sind deine Feinde?

Tagsüber müssen sich Feldmäuse vor dem überall häufigen Mäusebussard und vor Hauskatzen in Acht nehmen. Nachts schleichen hungrige Marder und Füchse auf der Suche nach Mäusen über Wiesen und Felder. Aus der Luft drohen Schleiereulen und Waldkäuze.

Feldmaus-Straßen und Schlupflöcher in der Wiese.

Hauptbeute für den Mäusebussard.

Mäusejahre   Im Abstand von 3 bis 5 Jahren kommt es regelmäßig zu richtigen Feldmausplagen: ganze Wiesen und Felder sind dann von Mäusegängen unterhöhlt. Zu solchen „Mäusejahren" kommt es, wenn das Wetter trocken und die Nahrung dennoch reichlich vorhanden ist. Mäusejahre sind gleichzeitig auch immer gute Jahre für Mäusebussarde und Eulen: Auch sie finden nun reichlich Nahrung für ihren Nachwuchs – nämlich Feldmäuse.

Gut behütet im unterirdischen Nest

Rötelmaus

Typisch   Deutlich rötlich brauner Rücken und kurzer Schwanz.

Immer in Deckung   Rötelmäuse sind sehr heimliche Mäuse: ihre oberirdischen Gänge verlaufen stets durch höheres Gras oder durch dichtes Gestrüpp oder Efeuranken. Im Gegensatz zur Feldmaus, die offene Felder und Wiesen bewohnt, triffst du Rötelmäuse eher im Wald oder in Hecken. Hier klettern sie auch geschickt auf Bäumen und in Sträuchern umher. Ihre Jungen ziehen sie in einer geschützten Höhle unter Baumwurzeln auf.

Wovon lebt ihr?

Rötelmäuse leben hauptsächlich von Samen, Kräutern, Knospen und Früchten, doch sie erbeuten auch Würmer, Insekten und Schnecken. Für den Winter legen sie sich unterirdische Vorratskammern mit Nüssen, Eicheln und Bucheckern an.

Klettert zur Nahrungssuche auf Sträucher.

Waldspitzmaus

Typisch   Rüsselartig ausgezogene Schnauze, winzige Augen und Ohren und sehr kurzes, dichtes Fell.

Verwandt mit Igel und Fledermaus   Wo es feucht und kühl ist, da sind Waldspitzmäuse zuhause: Wälder und Gewässerufer mit möglichst lehmhaltigen Böden sind ihr Lebensraum. Hier durchwühlen sie mit ihrer langen Nase den feuchten Boden nach Regenwürmern, Käferlarven, Spinnen, Schnecken, Tausendfüßern und Asseln. Zusammen mit Igeln und Fledermäusen zählen sie zu den Insektenfressern.

Winzige Augen, lange Nase.

Keine Maus!

Spitzmäuse sind keine echten Mäuse, sie sehen nur rein äußerlich ein wenig danach aus. Im Gegensatz zu echten Mäusen haben sie keine Nagezähne, mit denen die Getreidekörner aufnagen könnten. Ihre spitzen Zähnchen eignen sich hingegen gut zum Aufknacken kleiner Tiere.

Zwergspitzmaus

Typisch   Winzling mit Rüsselnase.

Immer hektisch   Spitzmäuse machen nur kurze Pausen. Schon flitzen sie wieder umher, stecken ihre langen Nasen in kleinste Ritzen zwischen Rinde, in Erdspalten und unter Laub. Zack! – Zugeschnappt – schon zerknacken nadelspitze Zähnchen eine Spinne. Ist da vielleicht noch mehr zu holen? Unter morschem Holz wimmelt es von Asseln und Tausendfüßern – ein Schlaraffenland für Zwergspitzmäuse!

Sie zählt zu den kleinsten Säugetieren.

Pausenlos futtern

Weil sie so klein sind, müssen Zwergspitzmäuse ständig futtern. Um ihren Energiebedarf zu decken benötigen sie täglich etwa soviel Nahrung, wie sie selber wiegen. Das wäre so, als müsstest du täglich etwa 20 kg Fleisch essen, um nicht auszukühlen.

Wasserspitzmaus

Typisch   Lange, spitze Nase, Oberseite fast schwarz, Unterseite weißlich.

Giftiger Speichel   Die Wasserspitzmaus hat sich auf den Beutefang in Gewässern spezialisiert. Dabei ist sie in der Lage, Fische zu erbeuten, die deutlich größer sind als sie selbst! Das gelingt ihr mithilfe ihres giftigen Speichels: Sie beißt sich in einem Fisch fest und wartet, bis ihr Speichelgift ihn lähmt, dann zerrt sie den wehrlosen Körper ans Ufer, um ihn zu verspeisen. Neben Fischen erbeutet sie auch wasserlebende Insektenlarven, kleine Krebse und Frösche.

Taucht nach Beute.

Bei Tag und Nacht

Im Gegensatz zu den meisten anderen Säugetieren sind Wasserspitzmäuse auch häufiger tagsüber zu beobachten. Durch ihre Tauchgänge, die sie selbst im Winter in Eislöchern vornimmt, kühlt sie schnell aus und muss deshalb regelmäßig Beute machen, um zu überleben.

Igel

Typisch Raschelt und schnauft nachts durch Parks und naturnahe Gärten.

Braucht Laub und Krabbeltiere Igel fühlen sich da wohl, wo der Mensch nicht allzu viel aufräumt und wegharkt. Naturnahe Gärten sind ein Paradies für Igel! Hier finden sie raschelndes Laub mit vielen Käfern, Spinnen und Schnecken sowie Reisighaufen zum Verstecken. Offene Rasenflächen überquert der Igel nicht gern, er hält sich lieber in der Deckung von Büschen und Hecken auf. Die Jungen kommen in einem mit Moos und Laub gepolsterten Nest zur Welt.

Igelkindheit

Die meisten Igelbabys werden im Juli und August geboren. Sie sind noch nackt und blind und ihre Stacheln sind bei der Geburt von einer dünnen Haut überzogen. Nach 2 Wochen sehen sie schon aus wie richtige Igelchen, mit 3 bis 4 Wochen folgen sie das erste mal ihrer Mutter in die Nacht.

Igelbabys kommen mit weichen Stacheln zur Welt.

Im Versteck verschläft der Igel den Winter.

Was passiert beim Winterschlaf? Im Herbst sucht sich der Igel ein frostsicheres Winterversteck, rollt sich zusammen und fällt in einen tiefen Winterschlaf. Schnell sinkt nun seine Körpertemperatur von 36 °C auf nur etwa 4 °C ab, Gleichzeitig verlangsamt sich der Herzschlag von 200 bis 300 Schlägen pro Minute auf nur 3 bis 4 Schläge und er atmet nur noch ganz selten. Nur spät geborene Igel, die am 1. November noch deutlich unter 700 g wiegen, können das nicht schaffen. Viele nützliche Tipps findet ihr unter www.igelhilfe.de!

Bist du fit für den Winterschlaf?

Maulwurf

Typisch   Samtartiges, dichtes Fell, winzige Augen und Ohren und große Grabhände. Verrät sich durch Erdhügel auf der Wiese.

Schaufelhände   Ob Tag oder Nacht, Sommer oder Winter: Der Maulwurf verbringt sein ganzes Leben unter der Erde und daran ist sein Körper bestens angepasst. Mit zwei riesigen Händen schaufelt er sich Gänge und Kammern, sein Fell ist ganz kurz und dicht, so dass es ihn wärmt, aber kein Dreck darin hängen bleibt, und seine Augen sind nur winzig – er braucht auch nicht viel zu sehen, unter der Erde ist es ja ohnehin dunkel.

Erkennungszeichen:
Maulwurfshügel.

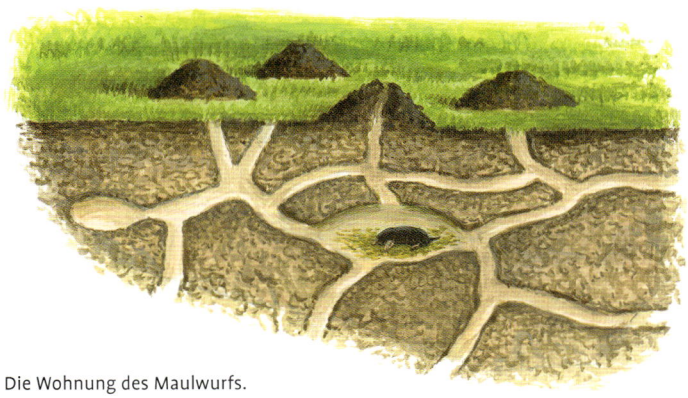

Die Wohnung des Maulwurfs.

Wohnt unter der Erde   Das Maulwurf-Zuhause ist komfortabel eingerichtet: da gibt es Schlafkammern, Kinderzimmer, Vorratskammern, Flure und spezielle Jagdgänge. Diese Jagdgänge, die bis zu 100 m lang sein können sucht der Maulwurf alle 4 Stunden nach hineingefallenen Regenwürmern und Insektenlarven ab. Findet er reichlich, so lähmt er sie mit einem Biss und bewahrt sie in seiner Vorratskammer auf, bis er wieder hungrig ist.

In seiner selbst gegrabenen Röhre.

Wovon lebst du im Winter?

Anders als Igel und Fledermaus ist der Maulwurf auch im Winter aktiv. Kaum sind die Böden nicht gefroren, da erscheinen schon wieder neue Maulwurfshügel. Bei Frost ernährt er sich von seinen Vorräten: Über 1000 Regenwürmer fand man schon in einer einzigen Vorratskammer!

Abendsegler

Typisch   Große Fledermaus mit langen Flügeln (Spannweite etwa 40 cm). Erreicht Spitzengeschwindigkeiten von 50 km/h.

An Waldrändern mit Wasser   Abendsegler schlafen am Tag in Baumhöhlen. Erst in der Dämmerung kommen sie hervor: dann sieht man die großen Fledermäuse am Waldrand hoch oben im Bereich der Baumwipfel in rasanten Flügen nach Insekten jagen. Am häufigsten sind Abendsegler in der Nähe von Teichen, Seen und Flüssen. Auch auf ihren Wanderzügen in Richtung Süden folgen sie Waldrändern und Flussläufen.

Braucht Baumhöhlen als Tagesverstecke.

Zieht im Winter fort

Es gibt nicht nur Zug-Vögel, sondern auch Zug-Fledermäuse! So verlassen Abendsegler bis Mitte September ihren Sommerlebensraum, um den Winter in milderen Gebieten Österreichs, der Schweiz oder in Südfrankreich zu verbringen. Im Frühjahr kehren sie wieder zurück.

Wasserfledermaus

Typisch Mittelgroße Fledermaus (Spannweite von etwa 25 cm), die dicht über dem Wasser jagt, daher der Name.

Keschert Insekten Wasserfledermäuse sind besonders toll zu beobachten, weil sie aktiv sind, bevor es ganz dunkel ist, und wegen ihrer Vorliebe für Gewässer. Je natürlicher ein Bach- oder Flusslauf oder auch ein Teichufer ist, desto mehr Insekten schlüpfen hier und umso wahrscheinlicher ist es dann, Wasserfledermäuse bei ihren rasanten Jagdflügen beobachten zu können. Taschenlampe nicht vergessen!

Fängt Insekten von der Wasseroberfläche.

Riesige Winteransammlungen

Im Sommer verbringen Wasserfledermäuse den Tag in Baumhöhlen oder auch in Spalten von Brücken und Häusern. Im Winter sammeln sie sich in manchen Gebieten zu riesigen Trupps, um gemeinsam in Felshöhlen zu überwintern. Das können bis zu 20 000 Tiere sein!

Zwergfledermaus

Typisch   Körper nicht länger als ein Streichholz. Ist auch in Städten zu beobachten, wenn sie im Schein von Straßenlaternen Mücken jagt.

Gesellig und geschickt   Zwergfledermäuse kommen oft schon vor der Abenddämmerung zum Vorschein, um in Dörfern und Städten, in Wäldern, Hecken und über Gewässern Fliegen und Mücken zu erbeuten. Du erkennst sie an ihrer geringen Größe und an ihren nicht sehr schnellen, dafür aber sehr wendigen und geschickten Flugmanövern. Zwergfledermäuse sind sehr gesellig – oft jagen mehrere Tiere dicht beieinander.

Gutes Tagesversteck im Fledermaus-Nistkasten.

Sieht mit den Ohren

Wie können Fledermäuse im Dunkeln fliegende Insekten jagen? Fledermäuse senden hohe Schreie aus, die wir nicht hören können. Treffen diese Schreie auf ein Insekt, so kann die Fledermaus es durch das Echo ihrer Schreie genau orten.

Echo-Ortung der Fledermaus.

In kleinsten Ritzen Im Sommer nutzen Zwergfledermäuse allerlei schmale Verstecke hinter Fensterläden, zwischen Ziegelsteinen oder hinter loser Baumrinde, um den Tag zu verschlafen. Den langen Winter verbringen sie lieber gemeinsam in Felshöhlen oder in künstlich vom Menschen geschaffenen Quartieren, die Höhlen ähnlich sind: zum Beispiel in Ritzen von Brückenpfeilern, in Mauerspalten, Kellern oder speziellen Fledermaus-Nistkästen.

So kurz wie ein Streichholz.

Sumpfschildkröte

Typisch Sonnt sich gern ausgiebig auf im Wasser treibendem Totholz.

An bewachsenen Teichen Sumpfschildkröten waren früher an praktisch jedem krautigen Teich anzutreffen. Sie waren so häufig, dass man sie sogar fing, um sie zu essen! Heute brauchst du schon mehr Glück, um eine zu entdecken. Die Nahrung von Sumpfschildkröten besteht hauptsächlich aus Schnecken, Würmern und Wasserpflanzen. Ihre Eier legt sie an Land in trockenen Sand und lässt sie von der Sonne ausbrüten.

Schildkrötenbabys schlüpfen aus Eiern.

Winter auf Tauchstation

Sumpfschildkröten halten zwar keinen richtigen Winterschlaf wie Säugetiere, doch sie fallen im Winter auch in einen Starrezustand, in dem sie wenig Energie verbrauchen. Dazu ziehen sie sich zwischen Wurzeln in etwa 50 cm tiefes Wasser im Uferbereich zurück.

Waldeidechse

Typisch   Kleine und zierliche Eidechse, die sehr unterschiedlich gefärbt sein kann.

Kommt mit Kälte klar   Waldeidechsen bewohnen sehr viele verschiedenartige Lebensräume von Wäldern über Dünen, Trockenmauern und Feuchtwiesen bis hin zum kahlen Hochgebirge und den Tundren im hohen Norden. Damit dringt sie unter allen europäischen Eidechsen am weitesten in echte Kältegebiete vor. Ihre Nahrung besteht hauptsächlich aus Insekten, Spinnen, Hundertfüßern und Schnecken.

Soeben geboren:
junge Waldeidechsen.

Bringt lebende Junge zur Welt

Anders als andere Eidechsen legt die Waldeidechse meist keine Eier, sondern bringt 4 bis 10 vollständig entwickelte, kleine Eidechsen zur Welt. Doch in manchen Gegenden kann sie auch einfach Eier ablegen wie andere Eidechsen.

Zauneidechse

Typisch   Plumpe Eidechse mit kräftigen Armen und Beinen und großem Kopf. Männchen auffallend hellgrün gezeichnet.

Sonnenanbeterin   Eidechsen zählen zu den sogenannten wechselwarmen Tieren, das heißt ihre Körpertemperatur ist nicht gleichbleibend wie bei uns Menschen, sondern sie ist abhängig von der Umgebungstemperatur. Deshalb sieht man Eidechsen früh am Morgen oft beim Sonnenbaden: So heizen sie ihren Körper auf, um anschließend flink auf Insektenjagd gehen zu können.

Ausgebrütet

Im Mai oder Juni scharrt das Weibchen eine Kuhle in den Boden, legt 10 bis 14 Eier hinein und verschließt das Nest sorgfältig. Die Sonne brütet nun 6 Wochen lang die Eier aus. Frisch geschlüpfte junge Zauneidechsen sind 5–6 cm lang und haben auffallend große Köpfe.

Weibchen mit schlüpfenden Jungtieren.

Mauereidechse

Typisch   Variabel gezeichnete Eidechse, meist mit klein-fleckigem Muster. Nur im Süden Mitteleuropas anzutref-fen, häufig in Weinbergen.

Klettert an Felsen und Ruinen   Die Mauereidechse lebt da, wo es steinig und sonnig ist. Außerdem braucht sie viele Ritzen zum Verstecken vor Feinden und zum Ausruhen bei Nacht. Wichtig sind auch nah gelegene Jagdgebiete, in denen sie Spinnen, Käfer und Fliegen fangen kann. Deshalb findest du Mauereidechsen oft kletternd an Mauern mit offenen Fugen, an Ruinen mit bröckelndem Gestein und auch an natür-lichen Felswänden mit kleinen Pflanzenpolstern.

Trockenmauern: Lebensraum für viele Eidechsen.

Eidechsen helfen

Eidechsen haben viele Feinde: Haus-katzen, Marder, Vögel und Schlangen stellen ihnen nach. Die größte Ge-fahr ist aber der Verlust ihres Lebens-raumes. Wir können ihnen helfen, indem wir alte Mauern erhalten oder auch neue Steinmauern errichten.

Smaragdeidechse

Typisch Größte und kräftigste heimische Eidechse mit auffälliger Färbung.

Grasgrün mit blauer Kehle Mit ihrer kräftigen Gestalt und der grasgrünen Färbung ist die Smaragdeidechse nicht zu übersehen. Doch da sie es sehr warm braucht, kommt sie in Mitteleuropa nur in wenigen und besonders warmen Gegenden wie am Kaiserstuhl vor. Hier sieht man sie oft an sonnenbeschienenen Mauern oder an erwärmten Baumstämmen beim Sonnenbaden.

Eidechsen-Hochzeit

Im Mai färbt sich die Kehle der Männchen schillernd blau: Nun kämpfen sie um ihre Reviere und um die Weibchen. Dabei zeigen sich die Männchen ihre blauen Hälse, verfolgen und beißen sich. Nach der Paarung bleiben Männchen und Weibchen nur noch kurze Zeit zusammen.

Männchen zur Paarungszeit mit blauer Kehle.

Blindschleiche

Typisch   Oberseite bronzefarben glänzend, der Kopf geht übergangslos in den Rumpf über (kein schmaler „Hals").

Harmlos!   Die Blindschleiche ist gar keine Schlange und für Menschen absolut ungefährlich. Im Grunde ist sie eher eine Eidechse ohne Beine. Anders als bei Schlangen wirkt ihr Körper recht steif und wenig geschmeidig. Ihr Lebensraum ist sehr vielfältig, sie hat es aber gern feucht. Ihre Nahrung besteht hauptsächlich aus Nacktschnecken, Würmern und Asseln. Sie kommt auch in Dörfern und Städten vor.

Frisch geborene Blindschleichenkinder.

Ist die wirklich blind?

Zu ihrem deutschen Namen „Blindschleiche" kam das Tier durch einen Übersetzungsfehler: Im althochdeutschen heißt sie „plintslicho", was übersetzt „blinkender" (glänzender) Schleicher bedeutet, nicht aber „blinder Schleicher". Und blind ist sie wahrlich nicht!

Ringelnatter

Typisch Unsere häufigste Schlange. Wichtigstes Erkennungsmerkmal sind die gelben Halbmondflecken am Hals.

Wasserschlange Ringelnattern sind praktisch in jedem Lebensraum zu finden, da sie in Bezug auf ihre Nahrung nicht sehr wählerisch sind. Ihr bevorzugtes Jagdgebiet sind aber Teiche und Moore, wo sie im Wasser schwimmend Frösche, Kröten, Kaulquappen, Molche und Fische erbeuten. Ihre Eier legt die Ringelnatter in Ansammlungen vermodernder Pflanzen, auch in von Menschen angelegten Komposthaufen.

Fange keine Schlange!

Ringelnattern sind ungiftige und harmlose Schlangen, die immer versuchen, vor dem Menschen zu fliehen. Versuche dennoch niemals, eine Schlange zu fangen! Du könntest die harmlose Ringelnatter mit der schwarzen Form der giftigen Kreuzotter verwechseln.

Schwimmt und taucht nach Beute.

Schlingnatter

Typisch   Grau, braun oder rötlich gefärbte Schlange mit dunklen Tupfen auf dem Rücken.

Bissig aber harmlos   Die Schlingnatter kommt hauptsächlich in sandigen und trockenen Lebensräumen vor. So mag sie Heiden, brüchige Mauern, Bahndämme und sonnige Hänge. Erspäht sie einen Menschen, so verlässt sie sich meist auf ihre Tarnung und bleibt still liegen – oder sie schlängelt sich leise davon. Bei Bedrohung beißt sie kräftig zu, doch ihr Biss ist ungiftig und absolut harmlos.

Typisch: dunkelbrauner Streifen am Kopf.

Umschlingt Eidechsen

Den Namen „Schlingnatter" trägt diese Schlange, weil sie ihre Beute nicht wie viele andere Schlangen durch einen Giftbiss tötet, sondern durch kräftiges Umschlingen. Dadurch wird ihre Beute, hauptsächlich Eidechsen und Mäuse, gelähmt oder getötet.

Äskulapnatter

Typisch Gehört zu den größten Schlangen Europas. Typisch ist ein hellbrauner Fleck an jeder Kopfseite (nicht mit den Halbmondflecken der Ringelnatter verwechseln).

Ungiftig und harmlos Trotz ihrer beachtlichen Größe ist diese Schlange für Menschen vollkommen ungefährlich. Zu ihrer Beute zählen hauptsächlich Mäuse, aber auch Vögel und deren Eier. Die erbeutet sie sogar in Bäumen und Sträuchern, denn die Äskulapnatter klettert gern und gut. Am Boden verfolgt sie Mäuse bis tief in ihre unterirdischen Gänge. Ihre Opfer packt sie mit dem Maul und tötet sie durch Umschlingen.

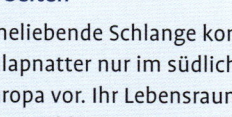

Kann gut klettern.

Selten

Als wärmeliebende Schlange kommt die Äskulapnatter nur im südlichen Mitteleuropa vor. Ihr Lebensraum sind lichte Wälder an Flüssen, sonnenbeschienene Hänge, Steinbrüche, Trockenmauern und Moore. In Deutschland lebt sie nur in wenigen Regionen.

Kreuzotter

Typisch Dunkles Zickzackband auf dem Rücken. Es gibt aber auch ganz schwarze Kreuzottern!

Achtung Giftschlange! Die Kreuzotter bewohnt am liebsten Moore und Sümpfe sowie die Hochlagen der Gebirge. Gemeinsam ist diesen Lebensräumen, dass es hier nachts kühl und tagsüber sehr warm werden kann. Daneben besiedelt sie aber auch Steinbrüche, Waldränder und auch Bergwiesen. Ihre Beute besteht aus Fröschen, Mäusen, Eidechsen und jungen Vögeln, die sie mit einem Giftbiss tötet.

Ihre Giftzähne sitzen vorn im Oberkiefer.

Fiese Bisse

Kreuzottern ziehen es immer vor, vor dem Menschen zu fliehen und beißen nur im Notfall. Dabei tritt eine giftige Flüssigkeit aus Kanälen in speziellen Giftzähnen. Ihr Gift ist äußerst schmerzhaft, aber selten tödlich. Immer muss der Gebissene zu Arzt!

Wo im Buch steht was?

Bildquellen

Umschlagfotos: Frank Hecker
Die Fotos im Innenteil stammen von **Frank Hecker** mit Ausnahme der folgenden:
Hecker/blickwinkel/Cairns: S. 50; Hecker/blickwinkel/Hartl: S. 58; Hecker/blickwinkel/Layer: S. 31, 61; Hecker/blickwinkel/Meyers: S. 22; Hecker/blickwinkel/Schulz: S. 54; 78.

Die Zeichnungen fertigte **Paschalis Dougalis** mit Ausnahme der folgenden: Fariba Gholizadeh: Fuchs-Illustrationen Umschlag und Innenteil. Symbole Lebensräume und Größenangaben: Stefan Dehmel.

Haftung

Die in diesem Buch enthaltenen Empfehlungen und Angaben sind von den Autoren mit größter Sorgfalt zusammengestellt und geprüft worden. Eine Garantie für die Richtigkeit der Angaben kann jedoch nicht gegeben werden. Haftung für Schäden und Unfälle wird von Autoren oder Verlag aus keinem Rechtsgrund übernommen. Der Verlag Eugen Ulmer ist nicht verantwortlich für den Inhalt von Internet-Links.

Bibliografische Information der Deutschen Nationalbibliothek
Die Deutsche Nationalbibliothek verzeichnet diese Publikation in der Deutschen Nationalbibliografie; detaillierte bibliografische Daten sind im Internet über http://dnb.d-nb.de abrufbar.

© 2013 Eugen Ulmer KG
Wollgrasweg 41, 70599 Stuttgart (Hohenheim)
E-Mail: info@ulmer.de
Internet: www.ulmer.de
Umschlagentwurf: Wiebke Hengst, Ostfildern
Lektorat: Ina Vetter
Herstellung: Silke Reuter
Satz: r&p digitale medien, Echterdingen
Reproduktion: timeray visualisierungen, Herrenberg
Druck und Bindung: Litotipografia Editrice Alcione, Lavis
Printed in Italy

ISBN 978-3-8001-7756-1

Was ist das bloß in meinem Kescher?

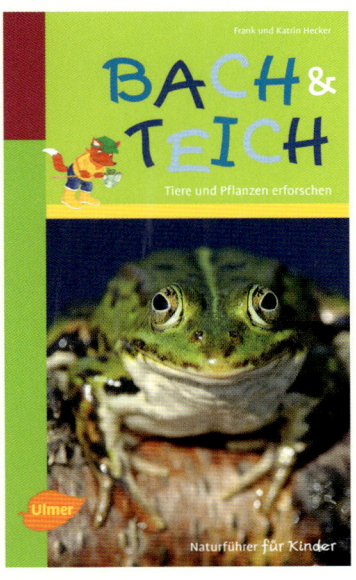

- Kindgerechter geht es nicht: Knappe Charakterisierung der Arten mit Foto und Zeichnung

- Spannende, witzig geschriebene Texte

- Viele Forschertipps und Bastelanleitungen

78 Tiere und Pflanzen aus Bach und Teich spielend bestimmen: Mit diesem Buch gelingt das jedem Kind. Beschreibungen, die kurz und knackig zum Ziel führen, dazu tolle Fotos und Zeichnungen – mehr brauchen Kinder nicht.

Felix der Fuchs verrät den Kindern Forschertipps, Bastelanleitungen und Naturwunder rund um Wassertiere und Wasserpflanzen!

Bach und Teich. Tiere und Pflanzen erforschen.
Frank und Karin Hecker. 2012. 96 S., 95 Farbfotos,
80 farbige Zeichnungen, kart. ISBN 978-3-8001-5825-6.

www.ulmer.de

Naturwerkstatt
Spurenabdrücke

Sammelst du auch so gern? Dann lege dir doch eine eigene Spurensammlung an! Wenn Tiere über weichen oder feuchten Boden laufen, hinterlassen sie dort ihre unverwechselbaren Fußabdrücke. Wir zeigen dir, wie du diese Spuren mit nach Hause nehmen kannst.

Das brauchst du: eine kleine Tüte Elektriker-Gipspulver
(aus dem Baumarkt; dieser Gips härtet besonders schnell)
eine Flasche Wasser
einen großen Joghurtbecher
einen Messbecher
einen Stock zum Umrühren
einen Pappstreifen, 30 cm lang und 3 cm breit
eine Büroklammer
einen Pinsel
ein Messer

Um einen einzigen Fußabdruck herzustellen benötigst du 200 g von dem Gipspulver und etwa 150 ml Wasser.